DEN SÖMNIGA LILLA STENEN

TEXT COURTNEY LANDIN
BILD YANDEH SALLAH

Författare: Courtney Landin
Grafisk design: Katarina Lapidoth
Illustrationer: Yandeh Sallah
Översättning: Katarina Lapidoth och Daniel Landin

Den sömniga lilla stenen/Courtney Landin
ISBN 978-91-519-8574-9
Första upplagan

Till föräldrarna:

Denna berättelse är skriven för att hjälpa ditt barn att lära sig slappna av i kroppen och göra sig redo för att somna. Det är viktigt att ditt barn kan lära sig att slappna av och somna utan att behöva extra hjälp eftersom det gör det enklare för ditt barn att kunna somna om själv om det vaknar på natten. Det är normalt att ett barn vaknar på natten och det är bra för dig som förälder att veta att det faktiskt är hälsosamt att barnet kan somna om själv. Innan du börjar använda berättelsen, gå igenom de sista sidorna i boken om hur du förbereder ditt barn för en bra sömn.

Läs den här berättelsen med en mjuk, lugn och långsam röst. Du kanske känner dig lite larvig när du pratar på detta sätt, men det skapar en avslappnande känsla i kroppen. Prata tyst och långsamt medan du stannar till då och då för att ta djupa andetag genom hela boken. Om du vill, efter en dag eller två när du kan texten utantill, kan du släcka lamporna och berätta historien medan ditt barn slappnar av och lyssnar.

Du kommer att se i boken, ”pausa, djupt andetag in och ut”. Det är här du kommer pausa och andas in och ut. Du kan antingen be ditt barn att göra det tillsammans med dig eller så kan du göra det själv. Om du gör det på egen hand, märker du om ditt barn också gör det.

Börja med att säga ”Nu är det dags att göra dig redo för att sova. Ta ett djupt, lugnande andetag och andas sedan ut långsamt. Känn att din kropp blir tung och avslappnad i din säng. Nu ska vi läsa om den sömniga lilla stenen.”

Föreställ dig att du är i en skog och att du ser en vacker blå, lugn sjö. Sjön är helt spegelblank och rör sig inte alls. Det finns gröna träd runt hela sjön och den orangea solen håller på att gå ner, vilket betyder att det är snart dags att sova.

Nu vill jag att du föreställer dig att du är
en vacker, skinande sten som ligger i sanden
vid den blåa sjön. Stenar är tunga, så tänk
hur tung din lilla stenkropp känns i sanden.
Känner du hur dina armar och ben blir
tunga i sanden?

Vid sidan av sjön kan du se att några av skogens
andra djur också gör sig klara för att sova.
Du ser hur fågelmamman nattar hennes fågel-
ungar i deras bo. Ungarna stoppar in sina små
näbbar under sina fjädrar och blundar.

Pappa Kanin håller på att lägga kaninungarna i deras trädhåla. De mjuka kaninungarna har kurat ihop sig tätt intill varandra.

Mamma och pappa räv håller på att lägga sina valpar. De lindar in sig med sina långa svansar och de myser i sitt varma, mörka gryt.

Du ser en liten björnfamilj som går hem
till sin mysiga grotta efter en lång dag i
skogen. Alla som du ser gör sig klara för
natten. Du gäspar när du ser alla som går
och lägger sig för att sova.

Ta ett djupt andetag, andas in och andas
ut. Försök att få din kropp att kännas
tung och avslappnad, så som den tunga
stenen du är.

Du ser en familj som går runt sjön och är på väg
hem för att göra sig klara att gå och lägga sig.
En liten flicka kommer springande fram till dig
och ser dig. Hon plockar upp dig och tycker att
du skiner så fint i solnedgången.

De har en hund och han kommer
springande fram och sniffar på dig
med sin lurviga nos. Det kittlar till
i din lilla stenkropp.

Den lilla flickan visar upp dig för hennes föräldrar och de håller
med om att du är väldigt vacker. Hon vill gärna ta med dig
hem, men hennes föräldrar säger att du kommer trivas bättre
vid sjön med dina stenvänner. De säger faktiskt att du skulle
bli glad över att få hälsa på dina andra stenvänner i sjön!

(pausa, andas in djupt och andas ut)

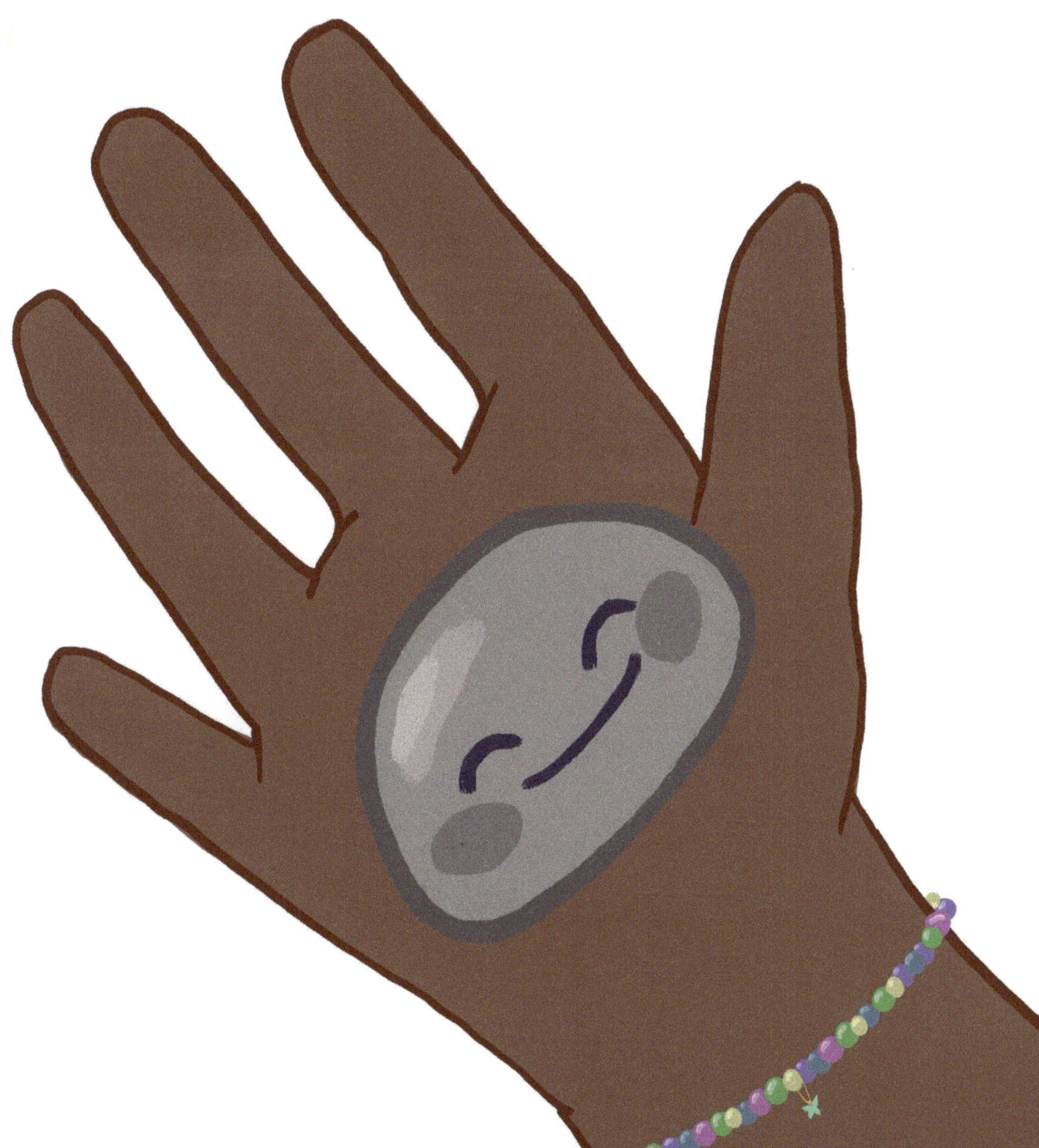

Den lilla flickan tycker att det är en
rolig idé och kastar upp dig i luften över
sjön. Du känner dig lätt uppe i luften.
Snart faller du nedåt mot sjön eftersom
din stenkropp är så tung.

Du dyker ner i vattnet och det känns svalt
och lugnt runt din kropp. Lyckligtvis är
du en sten och stenar kan se och andas
under vatten!

(pausa, andas in djupt och andas ut)

Du börjar sjunka ner i det lugna, klara vattnet,
och du gungar sida till sida medan du sjunker
ner, ner, ner. Det känns avkopplande att gunga
sida till sida medan din tunga kropp sjunker ner
i sjön. Känn hur du sjunker nedåt, sida till sida,
som om du är på en gunga.

Du kan se allting under vattnet! Du kan se fiskar
simma förbi då de är på väg hem för att sova.
De säger "godnatt och ses imorgon" medan de
simmar förbi dig.

(pausa, andas in djupt och andas ut)

Din lilla stenkropp känns tyngre och
tyngre ju mer du sjunker ner i sjön.
Ta ett djupt andetag och slappna av
ännu mer i din kropp.

Du känner hur tung din kropp är
medan du sjunker ner i sjön. Du når
sjöns sandbotten och sanden känns
mysig och lugn runt din stenkropp.
Du kopplar av ännu djupare i den
mjuka sanden.

Du tar ett långsamt djupt andetag och kopplar av ännu mer efter din resa. Det finns andra sömniga stenar runt omkring dig i sanden och de säger "Godnatt och vi ses imorgon".

Din trötta kropp håller på att
somna efter din långa resa.
Godnatt min sömniga lilla sten.

Happy Sleep–Tips

Att somna är mer än att bara läsa en berättelse för ditt barn. Du måste hjälpa till att förbereda barnets kropp för sömn så att kombinationen av sänggåendet, rumsmiljön och en avkopplande berättelse hjälper det att somna och sova.

Sömnförberedelsen

Själva rutinen är en viktig ledtråd för ditt barns kropp då det hjälper barnet att förstå att det snart är dags att sova. Det hjälper till att förbereda kroppen och sinnet för sömn. Var noga med att begränsa hur mycket tid ditt barn tillbringar framför en skärm före sänggåendet och sätt upp en fast läggdagsrutin.

Eliminera skärmtiden

Skärmarna inkluderar tv-apparater, telefoner, surfplattor och e-läsare! Om att titta på en skärm är en del av ditt barns rutin innan läggdags, ändra tiden för när ditt barn får titta och ersätt sedan tiden vid sänggåendet med en bok istället! Varje typ av blått ljus fördröjer frisättningen eller produktionen av melatonin (sömnhormonet) och gör det mycket svårare att somna och sova. Minst en timme utan skärmar är bäst före sänggåendet.

Rätt rumsmiljö

Se till att inreda ditt barns rum på rätt sätt. Vi sover bäst när rummet är:

MÖRKT – faktiskt så mörkt att du inte kan se din egen hand framför ditt ansikte! Använd mörkläggningsgardiner eller använd dubbla gardiner för att blockera ljus från utsidan. Om detta inte är möjligt, gör rummet så mörkt du kan.

SVALT – 16 till 20 grader eller svalare beroende på säsong. Vår kroppstemperatur sjunker innan vi somnar vilket hjälper till i själva insomningsprocessen.

TYST – ett tyst rum är den bästa sömnmiljön. Vitt brus är ett utmärkt sätt att få rummet "tyst". Vitt brus är ett tråkigt ljud som hjälper till att maskera andra ljud och billiga fläktar fungerar faktiskt bra på grund av det tråkiga ljudet de ger samt att de även håller rummet svalt.

SOVKOMPIS – ditt barn kanske gillar en sovkompis (snuttefilt, gosedjur eller liknande) som hjälper ditt barn att sova. En sovkompis är ett utmärkt sätt att lära ditt barn en viktig färdighet i att lugna sig själv. Detta ger ditt barn en chans att lära sig att hjälpa sig själv när du kanske inte kan vara där för att hjälpa till. Se till att ditt barn använder detta varje gång det sover, men använd det inte som en leksak. Det bör bara förknippas med sömn eller med trygghet/tröst. Du kan använda en annan sovkompis (snuttefilt eller annat gosedjur, men INTE napp!) under dagtid eller i förskola om det är tillåtet.

Ha rätt nattningstid

Att få in rätt tid när ditt barn ska sova hjälper kroppen att utveckla en naturlig sömn-/vakenrytm (dygnsrytm). En viktig aspekt att tänka på är att gå och lägga sig tidigt, eftersom detta gör att ditt barn kan få rätt mängd sömn under natten. Tro inte att ett övertrött barn kommer att sova mer och längre, faktiskt är det tvärtom!

Barn som är ca 2,5 år gamla bör lägga sig mellan kl. 19:00 och 19:30, och barn mellan 3,5 och 6 år bör lägga sig mellan kl. 19:30 och 20:30.

Förutom att ha rätt nattningstid för ditt barns ålder, är det också viktigt att ha en rutin för sänggåendet. Denna rutin ska vara cirka 30 minuter och ska vara samma varje kväll. Detta hjälper ditt barns kropp och hjärna att övergå till nattetid och sänder också en signal om att det är dags att sova.

Ett exempel på en nattnings-
rutin ser ut så här:

- Bad (om det är badkväll vill säga)

- Pyjamas

- Borsta tänderna

- En till två lugna böcker
  eller lugna låtar

- Släcka lampan
  och sova

SOVRUTINER
1
Bad
2
Pyjamas
3
Tänder
4
Story
Sagor
5
Säng
6
click
Släck ljuset
7
Godnatt!

Hjälp ditt barn att slappna av

Prata med ditt barn om hur kroppen känns. Be barnet känna hur tunga armarna och benen känns i sängen. Kan det försöka känna sig ännu tyngre? Ta långsamma, djupa andetag för att slappna av i kroppen.

Läs på ett långsamt, tyst och lugnt sätt för att främja sömnen. Du kanske kan känna dig lite larvig första gången du läser på detta sätt, lite som om du pratar med barnet som om det skulle få en massage, men detta främjar faktiskt en avslappningsreaktion i kroppen. Prata lugnt och långsamt medan du ibland stannar upp för att ta djupa andetag genom hela boken.

Visste du att det tar cirka 10–15 minuter för våra kroppar att somna och att det är normalt? Så det är okej om det tar 10 till 15 minuter efter att barnet lagt sig innan det somnar. Det är alltså hälsosamt om det tar lite tid innan de somnar, för om de somnar för snabbt kan det betyda att de är övertrötta och kan då sova sämre på natten. Att låta dem slappna av i sina kroppar innan de somnar hjälper deras övergripande sömnkvalitet, vilket leder till ett friskare barn.

Om författaren

Courtney Landin är en hälsocoach.
Hennes fokus är träning, kost och
sömn och vill hjälpa familjer att må
bra i denna hektiska värld. Hon ska-
pade *Den lilla sömniga stenen* för att
hjälpa hennes dotter att lära sig att
koppla av och somna. Det är fort-
farande en av Taylors favoritsagor!

Sömn är en av de viktigaste aspek-
terna för att en familj ska må bra
eftersom den reglerar humöret,
låter barn växa och utvecklas. Den
påverkar även barnets inlärnings-
förmåga och vikt. Söker du efter
en enda förbättring för ett hälso-
sammare liv – börja med sömnen!

Om illustratören

Yandeh Sallah är en självlärd illu-
stratör och konstnär från Stockholm.
Hon tycker om att utforska olika
vägar att uttrycka känslor på i sitt
arbete. I den här boken tar hon
dock ett något minimalistiskt för-
hållningssätt till illustrationerna.

www.ingramcontent.com/pod-product-compliance
Lightning Source LLC
LaVergne TN
LVHW071527180726
843512LV00014B/1182